EXTRAIT
DES LOIS NOUVELLES

REVUE BI-MENSUELLE DE LÉGISLATION ET DE JURISPRUDENCE

Emile SCHAFFHAUSER, DIRECTEUR

LE

RÉGIME DU NOTARIAT

Commentaire de la loi du 12 août 1902

*Portant modification aux lois des 25 ventôse an XI
et 21 juin 1843, relatives au notariat.*

PAR

J. CHANSON

CONSEILLER A LA COUR DE TOULOUSE

PARIS

AUX BUREAUX
DES
LOIS NOUVELLES
31 bis, Faubourg-Montmartre, 31 bis

LIBRAIRIE DE LA SOCIÉTÉ DU RECUEIL
GÉNÉRAL DES LOIS ET DES ARRETS
Et du Journal du Palais
Ancienne Maison L. LAROSE & FORCEL
22, rue Soufflot, PARIS
L. LAROSE, Directeur de la Librairie

1902

RÉDACTION ET ADMINISTRATION
31 *bis*, rue du Faubourg-Montmartre, 31 *bis*, PARIS

LES
LOIS NOUVELLES
Revue de Législation et de Jurisprudence
ET
REVUE DES TRAVAUX LÉGISLATIFS
Paraissant le 1er et le 15 de chaque mois.

RÉDACTEUR EN CHEF : **EMILE SCHAFFHAUSER**
DOCTEUR EN DROIT

Secrétaire de la Rédaction : H. CHEVRESSON
Avocat à la Cour d'appel de Paris

Chaque Numéro comprend 64 pages

Les *LOIS NOUVELLES* comprennent quatre parties formant des fascicules séparés, chacun avec pagination spéciale.

La 1re PARTIE, intitulée REVUE DE LÉGISLATION, comprend le commentaire de toutes les Lois Nouvelles présentant un intérêt général.

La 2e PARTIE, intitulée REVUE DES TRAVAUX LÉGISLATIFS, comprend l'exposé des projets de loi et des rapports déposés à leur occasion *et en outre un tableau des travaux législatifs dans les deux Chambres.*

La 3e PARTIE, intitulée LOIS ET DÉCRETS, renferme non seulement tous les textes d'intérêt général, mais encore les circulaires ministérielles relatives à leur application, et se trouve être ainsi LE SUPPLÉMENT LE PLUS COMPLET DE TOUS LES CODES.

La 4e PARTIE, intitulée REVUE DE JURISPRUDENCE, enregistre toutes les décisions judiciaires relatives aux nouveaux textes législatifs et complète ainsi la 1re partie.

Les commentaires publiés par les *LOIS NOUVELLES* comprennent l'exposé de la législation et de la jurisprudence antérieures à la nouvelle loi, l'exposé des travaux législatifs, et enfin l'examen critique de toutes les difficultés auxquelles pourra donner lieu l'interprétation de la loi.

Abonnement annuel : Paris et départements : 15 fr.
Etranger : 18 fr.

EN VENTE AUX BUREAUX DES « LOIS NOUVELLES »
LA COLLECTION DES LOIS NOUVELLES

Comprenant les années 1891-1901 et la table des Lois
nouvelles de l'origine à 1900, au prix de. . . . . 80 fr.
Les différentes années se vendent séparément :
Année 1902. . . . . 15 fr.
Année 1901. . . . . 12 fr.
Les années précédentes, chacune. . . . . 10 fr.

Le paiement a lieu au gré du souscripteur.
Il est fait un escompte de 10 0/0 au cas de paiement comptant.

L'envoi a lieu franco, expédition et recouvrement.

LE
RÉGIME DU NOTARIAT

EXTRAIT

DES LOIS NOUVELLES

REVUE BI-MENSUELLE DE LÉGISLATION ET DE JURISPRUDENCE

Emile SCHAFFHAUSER, Directeur

LE

RÉGIME DU NOTARIAT

Commentaire de la loi du 12 août 1902

*Portant modification aux lois des 25 ventôse an XI
et 21 juin 1843, relatives au notariat.*

PAR

J. CHANSON

CONSEILLER A LA COUR DE TOULOUSE

PARIS

AUX BUREAUX

DES

LOIS NOUVELLES

31 bis, Faubourg-Montmartre, 31 bis

LIBRAIRIE DE LA SOCIÉTÉ DU RECUEIL
GÉNÉRAL DES LOIS ET DES ARRETS
Et du Journal du Palais
Ancienne Maison L. LAROSE & FORCEL
22, rue Soufflot, PARIS
L. LAROSE, Directeur de la Librairie

1902

LE

RÉGIME DU NOTARIAT

Commentaire de la loi du 12 août 1902

*Portant modification aux lois des 25 ventôse an XI
et 21 juin 1843, relatives au notariat.*

**1. — Prolégomènes ; objet et nécessité de la réglementa-
tion nouvelle.** — Soumise, depuis un quart de siècle, à des épreuves
renouvelées qui eurent dans l'opinion publique un douloureux reten-
tissement, responsable à certains égards, grâce aux lacunes d'une
organisation surannée, des abus, des fautes graves imputables à quelques membres de la corporation, devenue, pour ce motif, l'objet de
critiques générales, ne répondant plus en effet, d'une manière évi-
dente, aux exigences de la situation actuelle, l'institution du notariat,
telle que le législateur de l'an XI l'avait créée, réclamait d'urgence,
sous peine de tomber en complet discrédit, de sérieuses réformes que
la loi du 12 août 1902 a tenté de réaliser.

Les auteurs de cette loi se sont proposé un triple but : affranchir
les actes notariés d'un formalisme inutile, sans néanmoins compro-
mettre l'intérêt public ; réduire le nombre excessif des offices de
notaires et réglementer la procédure de suppression ; assurer enfin un
meilleur recrutement des aspirants au notariat, en augmentant les
garanties de capacité et de moralité établies par la loi de 1803.

Quelques autres dispositions d'importance secondaire complètent
l'œuvre nouvelle.

Sur les trois points principaux, rappelons à grands traits la législation antérieure.

CHAPITRE I. — LÉGISLATION ANTÉRIEURE

SECTION I. — **Forme des actes.**

2. — Critique de la loi de ventôse, article 9. — Aux termes de l'article 9 de la loi du 25 ventôse an XI, les actes devaient être reçus par deux notaires ou par un notaire assisté de deux témoins ; la sanction consistait dans la nullité, comme acte authentique, de tout acte reçu en violation des prescriptions édictées.

Le même article imposait aux témoins instrumentaires l'obligation d'être citoyens français, sachant signer et domiciliés dans l'arrondissement communal où l'acte était passé. Des témoins certificateurs appelés par le notaire pour attester le nom, l'état et la demeure des parties si elles étaient inconnues de lui, l'article suivant exigeait des qualités semblables à celles requises pour les témoins instrumentaires.

Dès le début, les dispositions de l'article 9 soulevèrent, malgré la précision des termes employés, de vives controverses. L'officier public et les témoins désignés devaient-ils assister à toutes les phases de la réception de l'acte, ou bien suffisait-il de recourir à un moment quelconque, même après coup, à leur signature ? Les tribunaux saisis de la difficulté sous forme de demandes en nullité d'actes prétendus incomplets, avaient rejeté ces demandes. Mais la Cour de cassation consultée à son tour, après avoir adopté tout d'abord la même opinion, décida, par un arrêt du 7 mai 1839, en sens contraire. Vivement ému de cette jurisprudence qui mettait en péril le sort d'une foule d'actes publics, et par suite menaçait les plus graves intérêts, le gouvernement porta la question devant le pouvoir législatif. La loi du 21 juin 1843 fut votée, portant, dans son article Ier, que désormais les actes notariés ne pourraient plus être annulés par le motif que le notaire en second ou les témoins instrumentaires n'auraient pas assisté à la rédaction. L'article 2 indiquait d'une manière taxative les actes pour lesquels la nécessité de la présence réelle était maintenue, mais seulement au moment de la lecture et de la signature par les parties ; c'étaient ceux contenant donation entre vifs, donation entre époux pendant le mariage, révocation de donation ou testament, reconnaissance d'enfants naturels, ainsi que les procurations pour consentir ces divers actes. Tous autres actes continuaient, d'après l'article 3, à être régis par la loi de ventôse, avec cette interprétation. L'article suivant ajoutait: il n'est rien innové aux dispositions du Code civil sur la forme des testaments.

3. — La loi du 21 juin 1843. — Sous la réserve relative aux actes de dernière volonté et aux cas exceptionnels prévus par l'article 2, il résultait donc de la loi nouvelle une liberté quasi complète dans la rédaction des actes notariés. Les actes ordinaires, c'est-à-dire l'immense majorité, se trouvaient affranchis de la présence obligatoire du second notaire ou des témoins soit pendant la réception, soit même à la lecture de l'acte et à la signature des contractants. Ce n'était certainement pas le simulacre de contrôle, le mensonge légal, comme on l'a justement qualifié, organisé par des signatures données après coup, souvent plusieurs jours après la rédaction de l'acte, hors la présence des intéressés, par des gens ignorant la plupart du temps le premier mot des conventions intervenues, qui pouvait offrir une garantie sérieuse. Une réforme s'imposait.

Sur les qualités requises des témoins instrumentaires, la loi de ventôse s'était montrée plus rigoureuse que ne l'avait fait le Code civil pour les témoins testamentaires. Les premiers devaient être citoyens français, sachant signer et domiciliés dans l'arrondissement communal où l'acte était passé. Aux seconds, il suffisait, d'après l'article 980 du Code civil, d'être mâles, majeurs, républicoles, jouissant de leurs droits civils.

4. — Loi du 7 décembre 1897. — Modifiant ces règles, une loi du 7 décembre 1897, première étape vers l'émancipation féminine, a reconnu aux femmes le droit de figurer comme témoins dans les actes de l'état civil, dans les actes notariés ordinaires ou solennels, enfin dans les testaments. Malgré une importance réelle, l'innovation n'a pas en réalité la portée que les apparences lui prêtent de prime abord. En pratique, le témoignage dans les actes de naissance ou de décès se réduit ou bien à l'affirmation, souvent inexacte, de la connaissance personnelle des déclarants, ou bien, comme dans les actes de mariage, à une déclaration superflue à raison des mesures de large publicité qui ont précédé la célébration.

Voilà pour les actes de l'état civil. Le témoignage féminin relatif aux actes notariés a encore moins de portée. Nous savons en effet comment, avant la loi de 1843, l'usage aidant, et depuis, la loi elle-même devenue le meilleur des auxiliaires, on éludait avec une extrême facilité, pour les actes ordinaires, les prescriptions du législateur de ventôse. Les actes dits solennels quoique plus rigoureux sur la participation des témoins, n'ont guère modifié les habitudes prises de s'adresser surtout à des témoins masculins.

Mais où le rôle de la femme acquiert une importance considérable, c'est dans les testaments. Les actes de cette nature dont la gravité est manifeste puisqu'ils peuvent consacrer la mutation d'un patrimoine, ont lieu souvent hors de l'étude du notaire, au domicile du testateur. Là, par la force même des choses, des femmes seront fréquemment appelées à prêter l'autorité de leur témoignage.

5. — Comparaison de ces textes. — Conséquences. — Quoi qu'il en soit, la comparaison des textes de l'ancien article 9 de la loi de ventôse et de l'article 980 du Code civil conduit aux observations suivantes : D'un côté, l'expression de « Français » ayant été substituée à celle de « Républicole », et les mots « jouissant des droits civils » ayant été supprimés comme inutiles, il en résulte que l'étranger, même autorisé à établir son domicile en France et y résidant en fait, ne peut figurer à un testament en qualité de témoin. A l'inverse, le Français, même établi et résidant en pays étranger peut, tant qu'il conserve la nationalité française, remplir cet office. D'autre part, la loi de 1897 ayant eu pour but unique de réaliser un progrès en faveur des femmes, il ne paraît pas douteux que, condition de sexe exceptée, les témoins aux actes notariés autres que les testaments doivent, depuis 1897 comme précédemment, remplir toutes les conditions exigées par la loi de ventôse, notamment être Français et majeurs.

En vertu de l'article 11 de cette dernière loi, les témoins certificateurs devaient être citoyens français, connus du notaire, et réunir les mêmes qualités que celles requises des témoins instrumentaires. Au mot « citoyens » la loi de 1897 a substitué le mot de « personnes » pour rendre la disposition applicable aux femmes.

Telles étaient, sur les points visés, les règles relatives à la forme des actes. Passons à l'examen de la constitution notariale.

Section II. — Régime du notariat.

6. — Nécessité d'une réforme. — A ce sujet, on ne saurait mieux faire que de reproduire une partie du rapport adressé par M. Guérin, le 16 décembre 1898, au Sénat, au cours des travaux préparatoires de la loi nouvelle, et traçant, en quelques lignes, le tableau des imperfections de la constitution notariale tant sous l'empire de la loi organique de ventôse, que des lois et règlements ultérieurs.

« Cette loi, dit le rapporteur, adoptait les principes essentiels

« consacrés par l'Assemblée constituante sur la nature et l'indépendance
« des fonctions notariales ; elle empruntait aux anciennes ordonnances
« les sages dispositions en usage, relatives à la forme des actes, à la
« conservation des minutes, aux devoirs des notaires. Mais elle régle-
« mentait à nouveau, et d'après des principes différents, la résidence
« des notaires, le nombre et le placement de ces officiers publics,
« ainsi que leur mode de nomination....

« Elle décidait que le nombre, le placement et la résidence des
« notaires seraient déterminés par le gouvernement, de manière
« que, dans les villes de 100.000 habitants et au-dessus, il y eût un
« notaire au plus par 6.000 habitants, et que dans les autres villes,
« bourgs ou villages, il y eût deux notaires au moins ou cinq au plus
« par chaque arrondissement de justice de paix, et en outre, le droit
« fut conféré au Gouvernement d'opérer les suppressions ou réduc-
« tions de places jugées nécessaires, en cas de mort, destitution ou
« démission des titulaires.

« En ce qui concerne le mode de nomination des notaires, le légis-
« lateur de ventôse écarta le concours établi par la loi de 1791 et
« dont l'expérience avait démontré l'inefficacité, souvent même l'in-
« justice, et imposa à tout candidat l'obligation de justifier : 1º d'un
« temps de stage plus ou moins prolongé, suivant la classe de la
« place à remplir ; 2º et d'un certificat de capacité et de moralité qui
« devait être délivré par la chambre de discipline du ressort dans
« lequel l'aspirant devait exercer.

« Durant près d'un demi-siècle, les sages prescriptions de cette loi
« parurent suffire à tous les besoins et, dans la majorité de ses mem-
« bres, le notariat sut répondre, par sa droiture et sa probité, aux
« prévisions du législateur. En 1840, à une époque où le développe-
« ment de la fortune mobilière occasionna une véritable fièvre de
« spéculation, les notaires, qui disposaient de fonds considérables dans
« leurs études, ne surent pas se défendre contre des tentations que la
« confiance de leur clientèle rendait faciles.

« En présence d'abus et de fautes graves, dont l'opinion publique ne
« tarda pas à s'émouvoir, le gouvernement par une ordonnance du
« 4 janvier 1843, jugea utile de fortifier le pouvoir disciplinaire des
« chambres et de défendre aux notaires de se livrer à toutes les opé-
« rations de commerce ou de banque, qui étaient de nature à compro-
« mettre la considération de ces officiers publics.

« Malheureusement, ces prescriptions furent fréquemment éludées,
« et c'est pour répondre à des préoccupations du même genre et pour
« faire cesser des abus qui, dans certains cas, avaient pris la propor-
« tion de véritables désastres, que furent promulgués les décrets des
« 30 janvier et 2 février 1890, par lesquels les notaires ont été soumis

« à une comptabilité régulière et à une surveillance spéciale de leurs
« dépôts ».

**7. — Nombre excessif des notaires. — Inconvénients à
supprimer.** — Venant s'ajouter à tout cela, il s'était produit depuis
le commencement du siècle, un double phénomène qui démontrait
que le nombre des notaires était en disproportion manifeste avec les
besoins de la population. D'un côté, le développement des voies de
communication avait amené l'abandon progressif des petits pays
au profit des grands centres, de l'autre, les affaires, surtout dans
les campagnes, avaient singulièrement diminué en nombre et en
importance. En tenant compte, en outre, du fait établi par la statisti-
que, que les notaires du département de la Seine recevaient à eux seuls
le vingtième des actes passés en France, on s'expliquait aisément
l'abaissement ininterrompu des produits des petites études et la réduction du chiffre des affaires se traduisant par la diminution du nombre
des actes. Si l'on plaçait en regard les difficultés de la vie grandissant
tous les jours, les dépenses augmentant à mesure que les ressources
diminuaient, on arrivait à cette conséquence que l'insuffisance des
revenus condamnait les titulaires des petites charges, les plus nombreux, les plus intéressants, à une existence de plus en plus précaire.
Il fallait aviser, en supprimant les offices insuffisamment occupés.

8. — Recrutement. — Une autre lacune restait à combler, celle
concernant le recrutement du personnel notarial. Qui ne connaît les
profondes modifications survenues depuis la promulgation de la loi de
ventôse dans l'exercice des fonctions de notaire. L'officier public n'est
plus, selon la judicieuse remarque de M. Guérin dans le document
précité, « le rédacteur des actes auxquels les parties veulent conférer
l'authenticité, le conseil désintéressé de ses clients ; sa sphère d'action s'est considérablement agrandie, par suite des transformations
économiques qui se sont accomplies depuis cinquante ans. Il est devenu
le conseil privé et incessant des parties, l'arbitre de tout différend, le
négociateur de leurs intérêts, et souvent le dépositaire de leur fortune.
Il est, en un mot, l'un des agents les plus actifs et les plus écoutés
dans les rapports sociaux ; et l'on ne saurait comprendre qu'il puisse
remplir utilement cette mission, s'il ne joint à une expérience appro-
fondie des affaires, une instruction théorique étendue ».

Trop rares, il faut le reconnaître, sont les notaires possédant cet
ensemble, pourtant nécessaire, d'aptitudes et de connaissances professionnelles. L'insuffisance saute aux yeux de prétendues garanties
résultant simplement d'un temps plus ou moins long à franchir les
divers degrés d'une cléricature préparatoire dont aucun obstacle ne
défendait les approches, assortie elle-même, pour justifier l'ad-

mission aux fonctions publiques, d'un simple certificat de stage délivré avec une déplorable facilité par des chambres de notaires composées, au moins dans les campagnes, de membres d'une compétence juridique contestable et, pourquoi le taire, pour des motifs souvent étrangers à la profession, d'où ne sont pas toujours exclus, au préjudice du bien public, une complaisance coupable, peut-être même, cela se voit, parfois, le mobile inavouable de favoriser un candidat dont l'ignorance fera demain un concurrent peu redoutable.

Section I. — **Travaux préparatoires et texte de la loi.**

9. — Travaux législatifs. — Soucieux de porter remède à un tel état de choses, le gouvernement présenta, le 27 octobre 1896, un projet de loi apportant une double réforme à la loi de ventôse. On augmentait d'un côté les garanties de capacité et de moralité des aspirants au notariat, de l'autre, on réduisait par la voie de la suppression des moins productifs, le nombre des offices. Arbitraire et injuste à la fois dans sa dernière partie, ce projet se heurta à la résistance de la commission parlementaire désignée pour en poursuivre l'examen. Il fut retiré et remplacé par un nouveau projet plus respectueux des droits acquis. Aux deux réformes proposées, la commission sénatoriale en joignit une troisième tendant à la suppression du notaire en second et des témoins instrumentaires dans les actes ordinaires. Ainsi complété et soumis aux délibérations successives du Sénat les 17, 19, 31 janvier, 24 février 14 mars 1899, sur le rapport de M. Guérin, et de la Chambre des députés, les 2 mai 1899, 17 et 26 mars 1902, sur le rapport de M. Rose, ce dernier projet fut définitivement adopté par la haute assemblée, le 10 juillet 1902.

La loi nouvelle est ainsi conçue :

10. — Texte de la loi. — Loi. — *Portant modification aux lois des 25 ventôse an XI et 21 juin 1843 relatives au notariat* (1). **— 12 août 1902.**

Art. 1er. — Les articles 5, 9, 11, 31, 32, 35, 36, 37, 38, 39, 40, 41, 42, 43 et 44 de la loi du 25 ventôse an XI sont modifiés ainsi qu'il suit :

« *Art. 5.* — Les notaires exercent leurs fonctions, savoir :

« Ceux des villes où est établi un tribunal d'appel, dans l'étendue du ressort de ce tribunal ; ceux des villes où il n'y a qu'un tribunal de première instance, dans l'étendue du ressort de ce tribunal ; ceux des autres communes, dans le ressort du tribunal de paix.

---

1. — Promulguée au *J. off.* du 14 août 1902, p. 5581.

« Toutefois, les notaires des communes où il y a plusieurs justices de paix exercent leurs fonctions concurremment dans toute l'étendue de la commune.

« Les notaires ayant actuellement le droit d'instrumenter dans plusieurs cantons, en vertu de lois antérieures spéciales, conserveront leur ressort actuel.

« Dans tout canton où il n'y a qu'un seul notaire, les notaires des cantons limitrophes appartenant au même ressort de cour d'appel, auront le droit d'instrumenter dans ce canton, mais seulement en ce qui concerne les testaments, les donations entre époux et les donations à titre de partage anticipé. A titre de réciprocité, le notaire unique au canton aura le droit d'instrumenter pour les mêmes actes dans lesdits cantons limitrophes ».

« *Art. 9.* — Les actes notariés pourront être reçus par un seul notaire, sauf les exceptions ci-après :

« 1° Les testaments et les notifications d'actes respectueux resteront soumis aux règles spéciales du Code civil ;

« 2° Les actes contenant donation entre vifs ou donation entre époux autres que celles insérées dans un contrat de mariage, acceptation de donation, révocation de testament ou de donation, reconnaissance d'enfant naturel, et les procuration ou autorisation pour consentir ces divers actes seront, à peine de nullité, reçus par deux notaires ou par un notaire assisté de deux témoins.

« La présence du second notaire ou des deux témoins n'est requise qu'au moment de la lecture de l'acte par le notaire et de la signature des parties ou de leur déclaration de ne savoir ou de ne pouvoir signer, et la mention en sera faite dans l'acte, à peine de nullité ;

« 3° Les actes dans lesquels les parties ou l'une d'elles ne sauront ou ne pourront signer seront soumis à la signature d'un second notaire ou de deux témoins.

« Dans le cas ci-dessus prévu, paragraphe 2, les témoins instrumentaires devront être Français et majeurs, savoir signer et avoir la jouissance de leurs droits civils. Ils pourront être de l'un ou de l'autre sexe, mais le mari et la femme ne pourront être témoins ensemble dans le même acte ».

« *Art. 11.* — Le nom, l'état et la demeure des parties devront être connus des notaires, ou leur être attestés dans l'acte par deux personnes majeures, connues d'eux, sachant signer, ayant les mêmes qualités que celles requises pour être témoins instrumentaires ».

« *Art. 31.* — Le nombre des notaires pour chaque département, leurs placements et résidence seront déterminés par le Gouvernement, de manière : 1° que, dans les villes de 100,000 habitants et au-dessus, il y ait un notaire au plus par 6,000 habitants ; 2° que, dans les autres communes, il y ait un notaire au moins par canton.

« Toutefois, en cas de décès ou d'empêchement justifié du titulaire, le président du tribunal pourra, à la requête du procureur de la République ou du titulaire empêché, désigner comme suppléant un notaire d'un des ressorts de justice de paix limitrophes du même arrondissement ».

« *Art. 32.* — Les suppressions d'office ne seront effectuées que par mort, démission ou destitution, ou à la suite d'un accord intervenu entre les parties intéressées, et après avis de la chambre de discipline et du tribunal.

« En cas de démission du titulaire, avec présentation d'un successeur, le Gouvernement pourra toujours refuser la nomination, si la suppression du titre est jugée nécessaire, après avis de la chambre et du tribunal.

« L'indemnité due après suppression d'un office, en cas de mort ou de démission, sera convenue entre les intéressés, sous le contrôle du Gouvernement, ou fixée par le décret prononçant la suppression, après avis de la chambre des notaires et du tribunal.

« Dans tous les cas, elle sera mise à la charge des notaires qui devront bénéficier de la suppression, quelle que soit leur résidence.

« La répartition en sera faite par le garde des sceaux, sur la proposition de la chambre des notaires de l'arrondissement auquel appartient l'office supprimé ».

« *Art. 35.* — Pour être admis aux fonctions de notaire, il faudra : 1° jouir de l'exercice des droits de citoyen ; 2° avoir satisfait aux lois sur le recrutement de l'armée ; 3° être âgé de vingt-cinq ans accomplis ; 4° justifier du temps de travail prescrit par les articles suivants ; 5° et avoir subi avec succès l'examen professionnel prescrit par les articles 42 et 43 ci-après ».

« *Art. 36.* — Le temps de travail ou de stage sera, sauf les exceptions ci-après, de six années entières et non interrompues, dont deux au moins en qualité de premier clerc. Une de ces deux années devra être accomplie dans un office d'une classe au moins égale à celle de l'office dont le titulaire sera à remplacer.

« Le temps de stage ne sera que de quatre années, dont une au moins en qualité de premier clerc, si le candidat justifie du diplôme de docteur ou de licencié en droit, ou du certificat d'élève diplômé d'une école de notariat reconnue par l'État.

« *Art. 37.* — Les membres des tribunaux civils ou des cours ayant au moins deux ans de fonctions, les avoués et les avocats ayant au moins deux ans d'inscription au tableau, les receveurs et les agents supérieurs de l'administration de l'enregistrement, les greffiers en chef des cours et tribunaux civils, licenciés en droit, ayant exercé leurs fonctions pendant cinq ans au moins pourront être admis aux fonctions de notaire en vertu d'une dispense expresse du garde des sceaux, en justifiant d'une année de stage dans une étude de notaire d'une classe égale à celle à laquelle aspire le candidat, et après avoir subi avec succès l'examen prescrit par les articles 42 et 43 ci-après.

« *Art. 38.* — Le notaire en exercice n'aura besoin d'aucune nouvelle justification pour être admis à une place de notaire vacante, même dans une classe supérieure à celle à laquelle il appartient. »

« *Art. 39.* — Nul ne sera admis à l'inscription de stage, s'il ne justifie qu'il est âgé de dix-sept ans accomplis et s'il ne produit un certificat de bonnes vie et mœurs ».

« *Art. 40.* — L'aspirant au notariat n'obtiendra un avancement de grade que sur la production d'un certificat délivré par le notaire chez lequel il travaillera.

« Ce certificat renfermera des renseignements précis et détaillés sur les aptitudes, la capacité et la moralité de l'aspirant.

« Si la mutation de grade s'effectue dans un autre arrondissement que celui où l'aspirant était déjà inscrit, celui-ci devra joindre au certificat ci-dessus un certificat de capacité et de moralité délivré par la chambre de discipline dans le ressort de laquelle il travaillait ».

« *Art. 41.* — Aucun aspirant au notariat ne pourra être admis à prendre l'inscription de premier clerc, s'il n'a préalablement subi avec succès, devant la chambre, dans le ressort de laquelle il travaille, un examen après lequel il sera déclaré apte à ces fonctions.

« L'examen comprendra une épreuve écrite et une épreuve orale. La délibération motivée qui sera prise par la chambre visera la capacité et la moralité du candidat ».

« *Art. 42.* — L'aspirant qui voudra être investi des fonctions de notaire produira, avec le diplôme d'aptitude, un avis de la chambre de discipline du ressort dans lequel il se propose d'exercer, et un certificat de chaque chambre dans le ressort de laquelle il aura travaillé, constatant la durée de son stage et sa moralité.

« Aucun aspirant ne sera admis aux fonctions de notaire s'il ne justifie avoir subi avec succès un examen professionnel.

« Cet examen comprendra deux épreuves : l'une écrite, dans laquelle l'aspirant rédigera au moins deux formules d'actes ; l'autre orale, qui portera sur l'ensemble des connaissances juridiques nécessaires à l'exercice du notariat.

« Les épreuves orales seront subies publiquement. L'examen sera passé au chef-lieu du département dans lequel l'aspirant sera au stage, devant une commission spéciale réunie, sur la convocation du président de la chambre des notaires du chef-lieu, composée de cinq membres au moins, et comprenant :

« Le président ou le syndic de la chambre des notaires du chef-lieu du département, qui en aura la présidence, et un ou plusieurs notaires délégués par chacune des chambres du département ;

« Et un agent supérieur de l'enregistrement désigné par la direction. »

Art. 43. — L'examen devra être passé avant tout traité de cession d'office ; mais le diplôme d'aptitude ne sera délivré par le secrétariat de la chambre dépositaire du rapport de la commission d'examen qu'au moment de la confection, par le parquet, du dossier de présentation du candidat.

« A Paris, la chambre des notaires fera fonctions de commission spéciale ; il lui sera adjoint un agent supérieur de l'enregistrement désigné par le directeur.

« Il en sera de même dans les départements où il n'existerait qu'une seule chambre des notaires.

« Tout candidat dont l'insuffisance aura été constatée dans l'une et l'autre des deux épreuves sera ajourné et ne pourra subir un nouvel examen avant le délai d'un an. »

« *Art. 44.* — Il est établi, au profit des bourses communes, des droits d'inscription et d'examen.

« Ces droits sont fixés ainsi qu'il suit :

« Pour chaque inscription sur le registre du stage, cinq francs (5 fr.) ;

« Pour l'examen du premier clerc, vingt francs (20 fr.) ;

« Pour l'examen d'aptitude aux fonctions de notaire, quarante francs (40 fr.). »

Art. 2. — Les articles 2, 3 et 4 de la loi du 21 juin 1843 sont abrogés.

Art. 3. — L'aspirant ayant fait son stage en Algérie pourra y être nommé notaire en justifiant, outre d'un stage de six ans, du certificat de capacité et de moralité prescrit par l'article 6 de l'arrêté ministériel du 30 décembre 1842 et par l'arrêté ministériel du 16 avril 1858.

Mais pour être admis aux fonctions de notaire en France, il devra subir l'examen exigé par les articles 42 et 43 ci-dessus et, en outre, justifier d'un stage de six années en France ou en Algérie, dont la dernière au moins en qualité de premier clerc dans une étude de France d'une classe au moins égale à celle de l'office du notaire qu'il doit remplacer.

Article transitoire.

Par mesure transitoire, les dispositions de la présente loi relatives au stage n'entreront en vigueur que dans un délai de deux ans, à partir de la promulgation. Elles ne seront à aucun moment applicables aux aspirants qui, au jour de la promulgation de la loi nouvelle, auront accompli le temps de stage prescrit par la loi du 25 ventôse an XI.

Dans tous les cas, les aspirants ne sauraient être dispensés de subir l'examen prévu par l'article 42 ci-dessus.

Une circulaire de M. le Ministre de la justice relative à l'application de la loi du 12 août 1902, fut publiée le 16 août suivant. (V. le texte de cette circulaire : *Lois nouv.* 1902, 3° partie, p. 305.)

SECTION II. — **Des modifications apportées par la loi nouvelle au régime du notariat.**

Art. 1. — **Les articles 5, 9, 11, 31, 32, 35, 36, 37, 38, 39, 40, 41, 42, 43 et 44 de la loi du 25 ventôse an XI sont modifiés ainsi qu'il suit :**

11. — **Articles modifiés.** — Les modifications indiquées au texte embrassent d'une manière générale la forme des actes notariés et le régime du notariat, comprenant lui-même la fixation du ressort de la juridiction notariale, le nombre des notaires, la suppression des offices, enfin les règles relatives à l'admission aux fonctions de notaire.

SECTION III. — **Forme des actes notariés.**

Art. 9. — **Les actes notariés pourront être reçus par un seul notaire, sauf les exceptions ci-après :**

1° Les testaments et les notifications d'actes respectueux resteront soumis aux règles spéciales du Code civil ;

2° Les actes contenant donation entre vifs ou donation entre époux autres que celles insérées dans un contrat de mariage, acceptation de donation, révocation de testament ou de donation, reconnaissance d'enfant naturel, et les procuration ou autorisation pour consentir ces divers actes seront, à peine de nullité, reçus par deux notaires ou par un notaire assisté de deux témoins.

La présence du second notaire ou des deux témoins n'est requise qu'au moment de la lecture de l'acte par le notaire et de la signature des parties ou de leur déclaration de ne savoir ou de ne pouvoir signer, et la mention en sera faite dans l'acte, à peine de nullité ;

3° Les actes dans lesquels les parties ou l'une d'elles ne sauront ou ne pourront signer seront soumis à la signature d'un second notaire ou de deux témoins.

Dans le cas ci-dessus prévu, paragraphe 2, les témoins instrumentaires devront être Français et majeurs, savoir signer et avoir la jouissance de leurs droits civils. Ils pourront être de l'un ou de l'autre sexe, mais le mari et la femme ne pourront être témoins ensemble dans le même acte.

Art. 11. — Le nom, l'état et la demeure des parties devront être connus des notaires, ou leur être attestés dans l'acte par deux personnes majeures, connues d'eux, sachant signer, ayant les mêmes qualités que celles requises pour être témoins instrumentaires.

12. — **Actes ordinaires ; actes solennels.** — Au point de vue de la forme, l'article 9 distingue les actes notariés en actes ordinaires, testaments et notifications d'actes respectueux, actes solennels et enfin actes dans lesquels les deux parties ou l'une d'elles ne savent ou ne peuvent signer.

Dédaigneuse d'un formalisme condamné par l'expérience, soucieuse, comme on l'a dit dans les travaux préparatoires, de mettre le droit d'accord avec le fait en substituant la vérité à la fiction, et de rendre au corps notarial une confiance méritée, la loi de 1902 proclame que, d'une manière générale, les actes notariés pourront désormais être reçus par un seul notaire. Le contreseing du second notaire ou des deux témoins ne sera plus nécessaire. A l'avenir, l'officier public investi de la confiance de ses clients aura la faculté soit de se faire assister, selon le mode antérieur, d'un confrère, s'il le désire, mais sans obligation, soit de procéder seul à la rédaction de tous les actes de son ministère qui, sous le nom d'actes *ordinaires*, constituent la généralité des cas, et dont la loi n'a pas soumis la réception à des règles spéciales.

13. — **Exceptions.** — Tel est le principe. Suivent aussitôt les exceptions.

La première concerne les testaments et les notifications d'actes respectueux. Les dispositions de dernière volonté exprimées par acte public ou sous la forme de testament mystique, ainsi que les notifications d'actes respectueux demeurent, en vertu du texte nouveau, régis, sous l'empire du Code civil, par les articles 154, 971, 976 et 977 de ce Code qui leur sont respectivement applicables. Nul besoin d'insister.

Pour les actes dits *solennels*, la loi de 1843 sur le notariat disposait de la manière suivante :

« A l'avenir, les actes notariés contenant donation entre vifs, dona-
« tion entre époux pendant le mariage, révocation de donation ou de
« testament, reconnaissance d'enfants naturels, et les procurations
« pour consentir ces divers actes, seront, à peine de nullité, reçus
« conjointement par deux notaires ou par un notaire, en présence de
« deux témoins. La présence du notaire en second ou des deux
« témoins n'est requise qu'au moment de la lecture des actes par le
« notaire et de la signature par les parties; elle sera mentionnée à
« peine de nullité ».

Le troisième paragraphe de l'article 9 nouveau reproduit ces dispositions, en les complétant. Il les étend aux acceptations de donation et aux autorisations pour consentir les divers actes soumis à la forme solennelle ; d'autre part, il exige que la déclaration de ne savoir ou ne pouvoir signer ait lieu en la présence réelle du notaire en second ou des témoins.

Clair et précis, ce paragraphe ne soulève aucune difficulté d'interprétation.

Bornons-nous à rappeler que les motifs de la loi de 1843 n'ont pas cessé d'exister.

Ils justifient pleinement les dispositions nouvelles. Aujourd'hui comme alors, on a jugé dignes de protection spéciale, les actes de nature à engager avec une gravité particulière l'honneur et le patrimoine des familles.

Aux deux époques, des raisons analogues ont inspiré le législateur.

14. — Actes des illettrés. — La dernière exception vise le cas où les actes à rédiger des actes de la catégorie de ceux désignés sous le nom d'actes *ordinaires*, concernent des illettrés ou des personnes incapables de signer pour autre cause que l'ignorance. Si les parties ou l'une d'elles ne savent ou ne peuvent signer, les actes, déclare le paragraphe 5, seront soumis à la signature d'un second notaire ou de deux témoins. A l'inverse des précédents, l'interprétation de ce paragraphe donne lieu à des difficultés sérieuses, qui, dès la promulgation de la loi, ont vivement ému le monde des affaires.

La présence effective du second notaire ou des témoins est-elle prescrite, à peine de nullité, pour les actes ordinaires intéressant des illettrés, ou bien suffit-il de la signature du second notaire ou des témoins sous la forme du contreseing, après la réception de l'acte, dans les conditions admises antérieurement dans la pratique pour les actes de cette catégorie ?

Les travaux préparatoires, l'historique de l'article 9 fournissent le premier et le principal argument de solution.

Le projet primitif émané du gouvernement ne parlait en aucune manière de modification à la forme des actes.

C'est la commission du Sénat qui proposa la suppression du notaire en second et des témoins dans les actes notariés ordinaires. Le texte portait : « Les actes autres que ceux énumérés en l'article 2 de la loi « du 21 juin 1843, peuvent être reçus par un seul notaire, toutefois, « quand les parties ou l'une d'elles ne sauront pas signer, les actes « continueront à être régis par la loi de ventôse et l'article 1ᵉʳ de la loi « de 1843 ».

Un membre de la commission, M. Chovet, proposa et fit adopter une rédaction différente.

« Les actes notariés contenant donation entre vifs, etc., (actes « solennels) seront, à peine de nullité, reçus conjointement par deux « notaires ou par un notaire assisté de deux témoins de l'un ou de « l'autre sexe, etc....

« Il en sera de même de tous les actes dans lesquels interviendront « une ou plusieurs parties ne sachant ou ne pouvant signer.

« La présence du second notaire n'est requise, etc...

« Les autres actes pourront être reçus par un seul notaire ».

Expliquant et précisant la pensée de la commission, le rapport de M. Guérin ajoutait à son tour : « Il y avait pour cette catégorie d'actes dans la présence effective du second notaire ou des témoins, une garantie réelle que justifie la situation prévue et qui protégeait non seulement le notaire contre des dénégations ultérieures, mais aussi les parties contre des abus rares, il est vrai, mais que l'expérience a prouvé n'être pas impossibles ».

L'amendement Chovet ainsi confirmé par le rapport établissait donc, sans aucun doute, qu'à ce moment le projet de loi exigeait la présence réelle pour les actes où les parties ne savent ou ne peuvent signer, au même titre que pour les actes solennels.

En séance publique, M. le sénateur Dufoussat combattit vivement l'une et l'autre des rédactions, signalant avec raison, d'une part les inconvénients de soumettre les actes ordinaires au formalisme rigou-reux des actes solennels, surtout dans les campagnes où les illettrés sont encore nombreux, s'attachant d'autre part à démontrer l'inanité de la mesure si elle se réduisait à un contreseing sans le contrôle de la présence effective. « Du moment, disait-il, où l'on admet qu'un notaire est qualifié pour instrumenter seul, quand les parties savent signer, pour être logique, on doit aussi admettre que le même notaire doit aussi pouvoir donner seul l'authenticité aux actes dans lesquels interviennent des parties ne sachant ou ne pouvant signer ».

Ces observations appuyées d'un amendement conforme étaient trop judicieuses pour ne pas frapper l'esprit de tous. Le Garde des sceaux lui-même, M. Lebret, demanda le renvoi du projet à la commission pour, selon ses expressions, rechercher s'il y avait un moyen de donner une garantie particulière aux illettrés sans se heurter aux inconvénients signalés, ou s'il ne serait peut-être pas préférable de les soumettre purement et simplement au droit commun.

Bref, l'opinion de M. Dufoussat avait gagné tant de terrain que lorsque le projet revint en discussion devant le Sénat, en deuxième lecture, le rapporteur, M. Guérin, déclara : « Nous avons, d'accord avec les auteurs des amendements, MM. Chovet et Dufoussat, rédigé un texte nouveau qui, non seulement concilie les systèmes en présence, mais encore donne satisfaction à des observations présentées par certains de nos collègues ».

Or, le texte définitif, résultat évident d'une transaction, et qui, dans son ensemble, est devenu l'article 9, mentionnait, dans deux alinéas consécutifs, les actes solennels ot les dispositions relatives à la présence réelle, puis ajoutait, dans l'alinéa suivant : « les autres actes pourront être reçus par un seul notaire. Toutefois, lorsque les parties ou l'une d'elles, ne sauront ou ne pourront signer, ils *continueront* à être soumis à la signature d'un second notaire ou de deux témoins ». Ainsi, la continuation des errements de ventôse, de la tolérance légale du passé... Le législateur pouvait-il indiquer d'une manière plus claire sa volonté d'affranchir les actes ordinaires de la présence effective du second notaire ou des témoins ?

A la vérité, le mot « *continueront* » ne figure pas dans le texte définitif. Mais c'est là une pure question de terminologie, étrangère; la discussion parlementaire en fait foi, au fond de la disposition.

Un argument de texte viendrait au besoin à l'appui de la même opinion. Il est remarquable en effet que la prescription relative à la nécessité de la présence réelle suit immédiatement le paragraphe traitant des actes solennels; qu'elle appartient à la même division, et se trouve enclavée dans le même numéro, le numéro 2 de l'article, que, dès lors, elle forme le complément naturel du paragraphe précédent et apparaît incorporée pour ainsi dire à lui. Au contraire le paragraphe relatif aux actes ordinaires se distingue par un numéro différent, le numéro 3, indépendant, par suite, du numéro précédent, et constituant à lui seul une disposition complète. Si la précision faite pour les actes solennels s'appliquait, dans l'esprit de la loi, aux actes ordinaires, on doit présumer que le paragraphe qui en traite aurait trouvé place non après le numéro 2, mais après le numéro 3 de l'article. Il n'en est rien. C'est donc intentionnellement que le rang qu'il occupe lui a été assigné.

N'est-il pas aussi permis d'invoquer dans le même sens la différence de rédaction introduite dans les deux parties de l'article ? Pour les actes solennels, la loi exige non seulement le concours, mais la présence effective du second notaire ou des témoins. S'agit-il au contraire des illettrés, les actes seront simplement soumis à la signature. N'est-ce pas dire que le contreseing suffit ?

15. — Actes des illettrés (*suite*). — Dans un ordre d'idées différent, nous verrons que la loi de 1902 consacre, dans son article 5, le principe de l'unité de notaire par canton avec le droit, pour les notaires des cantons limitrophes, d'instrumenter dans ce canton en certaines circonstances et pour un certain nombre d'actes solennels limitativement déterminés, le droit réciproque étant d'ailleurs reconnu au notaire unique dans les mêmes circonstances et pour les mêmes causes. Comment concilier avec l'application de cette règle la nécessité de la présence effective de deux notaires aux actes ordinaires intéressant des illettrés ? Sans doute, à défaut du second notaire, on pourrait recourir aux deux témoins. Mais ne serait-ce pas mettre les parties dans l'alternative ou de ne pas passer l'acte, ou de livrer le secret de leurs affaires à la merci d'étrangers, d'inconnus souvent peu dignes de confiance ? On se heurterait en pratique à des difficultés insurmontables que la loi devait éviter.

Il paraît donc certain que la présence réelle du second notaire ou des témoins n'est pas obligatoire pour la régularité des actes ordinaires auxquels interviendront des illettrés. Ces actes sont uniquement soumis à la signature des personnes désignées autres que les contractants, et cette signature, à défaut de prescription légale contraire, peut être valablement donnée en la forme adoptée par la pratique avant la promulgation de la nouvelle loi.

16. — Abrogation virtuelle de l'article 2127 Code civil. — Solution certaine et générale à notre avis, comprenant dans son champ d'application tous les actes ordinaires, la constitution d'hypothèque conventionnelle, comme les autres, nonobstant l'art. 2127 du Code civil qui nous semble virtuellement abrogé. En subordonnant en effet à l'intervention notariale la validité des contrats constitutifs d'hypothèque, cet article a eu pour but de refuser telle conséquence aux actes authentiques autres que les actes notariés. Mais la doctrine et la jurisprudence admettaient sans difficulté, avant la loi de 1902, qu'un acte notarié *ordinaire* suffisait en pareil cas, parce que la loi du 21 juin

1843 ne rangeait pas la constitution d'hypothèque parmi les actes réclamant pour leur validité la présence effective du second notaire ou de témoins. Le cas ne faisait pas exception aux tolérances de la pratique suivie sous l'empire de l'article 9 de la loi de ventôse ; car le Code civil s'était borné, dans l'article 2127, à reproduire, en termes identiques, les prescriptions antérieures. Or, la loi de 1902 ayant à son tour modifié l'article 9 de la loi de ventôse sur la réception des actes notariés, sans comprendre la constitution d'hypothèque conventionnelle au nombre des exceptions exigeant la présence effective des deux notaires ou des témoins, il s'ensuit que le contrat dont nous parlons reste soumis à la règle générale.

17. — Critique de cette disposition abrogative. — Solution certaine, disions-nous plus haut, en interprétant le 3° de l'article 9 nouveau ; solution regrettable aussi. Éloquemment, au cours des travaux préparatoires, on a signalé à la tribune du Sénat les inconvénients de la formalité du contreseing qui, réduite à cela, paraît au moins inutile et illusoire, sinon pleine de dangers tant pour ceux qu'on a voulu protéger que pour le notaire rédacteur lui-même. Solution d'autant plus regrettable, qu'à s'en tenir au texte rigoureux de la loi, les témoins instrumentaires dans les actes ordinaires concernant des illettrés pourraient, nous le verrons bientôt, sans la violer, ne pas présenter toutes les garanties exigées des mêmes témoins dans les actes solennels.

18. — Témoins instrumentaires. — D'après le dernier paragraphe de l'article 9, les témoins instrumentaires doivent, quand il s'agit d'actes solennels, être Français et majeurs, savoir signer et avoir la jouissance de leurs droits civils ; ils pourront être de l'un ou de l'autre sexe ; mais le mari et la femme ne pourront témoigner ensemble dans le même acte.

Rapproché du texte analogue de la loi de ventôse déjà modifié par la loi du 7 décembre 1897, le nouvel article accuse plusieurs différences dans les conditions de capacité. Il faut, en premier lieu, être Français, ce qui exclut les étrangers ; en outre, être âgé de plus de 21 ans, savoir signer afin que la signature établisse la preuve de la présence à l'acte, et enfin jouir de ses droits civils. L'ensemble de ces conditions est à la fois nécessaire et suffisant pour concourir d'une manière valable à un acte solennel.

Muette sur les questions de nationalité et de jouissance des droits civils, la loi de 1897 s'était montrée plus exigeante sur le domicile. Pour être témoin dans un acte notarié, il fallait être domicilié dans l'arrondissement communal où l'acte était passé.

Les conditions énumérées dans la loi nouvelle se justifient d'elles-mêmes, sans secours d'interprétation. Il n'est pas toutefois inutile de préciser au sujet de la jouissance des droits civils, que l'application de l'article 9 peut, en certains cas, trouver un obstacle dans les dispositions de l'article 34 du Code pénal, aux termes duquel la dégradation civique emporte la privation du droit de témoigner, et dans celles de l'article 42 du même code qui reconnaissent aux tribunaux correctionnels la faculté de prononcer cette privation consécutive à certaines infractions.

Le failli non réhabilité peut-il comparaître en qualité de témoin dans un acte notarié ? En n'exigeant pas d'une manière expresse des témoins instrumentaires la jouissance des droits politiques en même temps que la jouissance des droits civils, l'article 9 semble mettre fin par une solution favorable au failli à la controverse qui existait sur ce point.

Le notaire rédacteur doit-il connaître personnellement les témoins instrumentaires ?

Cette précaution constitue une mesure de prudence ; mais nous ne pensons pas que le notaire soit tenu en droit de la prendre pour assurer la validité de l'acte. La faculté laissée aux témoins instrumentaires d'être domiciliés partout en France ou même à l'étranger, pourvu que, dans ce cas, ils aient conservé la qualité de Français, paraît incompatible avec l'obligation imposée au notaire de les connaitre personnellement.

19. — Solution d'une difficulté. — Reste un dernier point à noter. Après avoir déterminé les conditions de capacité à remplir par les témoins instrumentaires dans les actes solennels, la loi, par un oubli singulier, a négligé de se prononcer pour les témoins appelés à signer un acte ordinaire intéressant un illettré. On pourrait, à la rigueur, induire de ce silence, qu'en pareil cas, serait valable le témoignage d'individus de nationalité étrangère, en état de minorité ou privés de leurs droits civils.

Cette opinion cependant ne paraît pas fondée. Le Sénat en effet avait tout d'abord étendu aux actes intéressant des illettrés les prescriptions relatives aux actes solennels. Mais, par suite d'une erreur matérielle, le texte adopté par la Chambre des députés, d'urgence d'ailleurs et sans discussion, comme l'ensemble de la loi, resta muet sur cette extension, et le Sénat, en deuxième lecture, omit de reprendre le texte primitif. Une erreur de rédaction ne saurait prévaloir contre le bon sens. Actes solennels et actes ordinaires concernant des illettrés doivent, à ce point de vue, être placés sur la même ligne.

La loi nouvelle ne parle pas des conditions de parenté. L'article 10 de la loi de ventôse continue à les régir.

À l'inverse des témoins instrumentaires, les témoins certificateurs doivent, aux termes de l'article 11 et à raison du mandat qui leur incombe d'attester l'identité des parties contractantes, être connus du notaire personnellement et, de plus, réunir les qualités requises des témoins instrumentaires. Par suite les règles formulées pour ces derniers leur sont également applicables.

SECTION IV. — **Régime du notariat.**

§ 1. — **Limites du ressort.**

Art. 5. — **Les notaires exercent leurs fonctions, savoir :**

Ceux des villes où est établi un tribunal d'appel, dans l'étendue du ressort de ce tribunal ; ceux des villes où il n'y a qu'un tribunal de première instance, dans l'étendue du ressort de ce tribunal ; ceux des autres communes, dans le ressort du tribunal de paix.

Toutefois, les notaires des communes où il y a plusieurs justices de paix exercent leurs fonctions concurremment dans toute l'étendue de la commune.

Les notaires ayant actuellement le droit d'instrumenter dans plusieurs cantons, en vertu de lois antérieures spéciales, conserveront leur ressort actuel.

Dans tout canton où il n'y a qu'un seul notaire, les notaires des cantons limitrophes appartenant au même ressort de cour d'appel, auront le droit d'instrumenter dans ce canton, mais seulement en ce qui concerne les testaments, les donations entre époux et les donations à titre de partage anticipé. A titre de réciprocité, le notaire unique au canton aura le droit d'instrumenter pour les mêmes actes dans lesdits cantons limitrophes.

20. — Ressort notarial. — Cantons où il n'y a qu'un notaire. — Ce n'est pas sans débats que le maintien des catégories de notaires établies par le législateur de ventôse a été obtenu. L'unification des classes avec, pour base, le ressort de l'arrondissement judiciaire, rencontrait des partisans nombreux et convaincus. A leurs yeux, le système des distinctions manquait de fondement et de logique, s'agissant de personnes, toutes revêtues de charges semblables. Mais on fit observer, non sans raison, avec les données de l'expérience, que le système proposé aboutirait à des inconvénients plus graves encore que ceux

auxquels ils prétendaient remédier. Les notaires de canton insuffisamment occupés deviendraient ainsi, selon l'expression de M. Guérin, des
nomades en quête d'une concurrence destructive de toute bonne organisation du notariat et contre laquelle le législateur de l'an XI s'est
efforcé de réagir par l'obligation de la résidence. De plus, le règlement des indemnités dues aux titulaires des classes dépossédées sou-
lèverait, faute de bases sérieuses d'appréciation, de très grandes
difficultés. La tradition l'emporta ; l'idée d'unification fut abandonnée.

Le nouvel article 5 apporte cependant trois exceptions à la limite
du ressort. Elles visent les notaires exerçant dans une commune divi-
sée en plusieurs justices de paix ; ceux exerçant dans un canton divisé
en plusieurs par une loi postérieure à la loi de ventôse ; en troisième
lieu, ceux résidant dans les cantons pourvus d'un seul notaire.

Il existe quelques villes, chefs-lieux de canton qui, sans être en même
temps chefs-lieux d'arrondissement, se trouvent divisées en plusieurs
justices de paix.

Le troisième paragraphe de l'article 5 consacre dans ce cas le droit
exceptionnel d'instrumenter dans toute l'étendue de la commune,
c'est-à-dire dans tous les cantons qui la composent. Cette disposition
qui ne figurait pas dans le projet primitif présenté par le Gouvernement fut introduite, au cours de la première délibération devant le
Sénat, sur un amendement de M. Chovet accepté par la commission.
Fidèle aux précédents de la Chancellerie dans l'interprétation sur ce
point de la loi de ventôse, conforme au texte même, puisque les
notaires, en vertu de leur acte de nomination, attachés à la commune,
appartiennent à la commune, non au canton, cette exception se justifie
par des raisons d'ordre général. Il a paru bon, il peut être parfois
urgent pour les particuliers habitant une commune chef-lieu de plusieurs cantons de pouvoir, à leur gré, s'adresser à l'un ou à l'autre des
notaires de ces cantons. La rédaction des actes, les transactions n'y
trouveront qu'avantages, sans aucun trouble dans les clientèles des
divers titulaires intéressés et qui leur sont personnelles. Cette extension de pouvoir territorial pour quelques notaires peu nombreux ne
saurait modifier d'une manière sensible des situations acquises.

21. — Dérogations au principe de la limitation du ressort.
— Le paragraphe suivant gouverne le cas où l'augmentation de population a justifié, depuis 1803, la division d'un canton en plusieurs. Dans
ce cas, une disposition expresse et qui se rattache étroitement à la
précédente confirme la faculté réservée par la législation en vigueur
en faveur des notaires résidants d'instrumenter sur tout le territoire
du canton originaire.

Le dernier paragraphe apporte une nouvelle et notable dérogation au principe de la limitation du ressort. Nous verrons plus loin que la suppression de certains offices peut aboutir, par la volonté du Gouvernement, à la présence d'un seul notaire dans un canton. Or, des circonstances diverses, multiplicité des clients, justes motifs de méfiance ou d'hostilité contre le titulaire, peuvent alors entraver la solution des affaires d'une manière préjudiciable à l'intérêt public. Pour obvier à cet inconvénient, les uns proposaient d'autoriser le notaire d'un canton voisin à venir instrumenter dans celui où résiderait un seul confrère. C'était à la fois une cause de grave préjudice pour ce dernier et une idée contradictoire avec la considération, insuffisance des revenus, qui justifiait la réduction du nombre des offices. On a pris un moyen terme en décidant que les notaires d'un canton limitrophe d'un autre canton pourvu d'un seul officier ministériel pourraient, à titre exceptionnel, en certains cas, et sous certaines conditions, exercer dans cette dernière circonscription territoriale.

22. — **Restrictions.** — **Conditions.** — La faveur accordée est limitée par la loi à une catégorie d'actes, testaments, donations entre époux et donations à titre de partage anticipé, considérés comme ayant un caractère d'urgence particulier, et, de plus, subordonnée à la triple condition que l'officier ministériel qui en veut bénéficier appartienne à la même Cour d'appel, que les cantons soient limitrophes et qu'un seul notaire y réside.

L'urgence des actes à retenir, admissible quand il s'agit de dispositions de dernière volonté ou, à la rigueur, de donations entre époux, se comprend moins pour le partage d'ascendants, surtout dans le cas, le plus fréquent en pratique, où la donation se cumule avec le partage de la succession d'un époux ou d'un ascendant prédécédé.

Quoi qu'il en soit, le caractère exceptionnel de la disposition n'en permettrait pas, à notre avis, l'extension, sous prétexte d'analogie, à des actes d'une nature différente de ceux énumérés dans l'article. De même, il ne suffirait pas qu'il n'y eût, en fait, qu'un seul notaire par suite de la vacance de l'autre office due à une cause quelconque ; il faut que cette vacance résulte de la suppression de l'office. Nous estimons en revanche qu'un notaire pourrait instrumenter dans le cas prévu, alors même qu'il n'appartiendrait pas au même arrondissement judiciaire, la loi n'ayant parlé que du ressort de la Cour d'appel.

23. — **Réciprocité.** — **Cantons limitrophes.** — L'article 5 se termine ainsi : « A titre de réciprocité, le notaire unique du canton aura le droit d'instrumenter pour les mêmes actes dans les dits cantons limitrophes ». Quid, si les cantons limitrophes sont chefs-lieux de Cour d'appel ou d'arrondissement ? La faveur de la loi ne s'étend pas néanmoins au-delà du ou des cantons géographiquement limitrophes.

Le texte de la loi, la portée restrictive de l'exception et la logique imposent cette solution, sous peine de faire d'un notaire de troisième, un notaire de première ou de seconde classe. Les mêmes raisons conduisent à une solution identique à l'égard des communes partagées en plusieurs cantons et des cantons qui ont été divisés.

Cela dit, on peut se demander si les mesures de protection qui ont inspiré le législateur pour les notaires des cantons ruraux, les plus nombreux, les moins rétribués, les plus intéressants, resteront compatibles avec les exceptions apportées à la règle de la limitation du ressort ? Il est permis d'en douter. Qui ne sent, en effet, que les actes permis aux confrères des cantons limitrophes, souvent les plus favorisés, parce qu'ils appartiennent au chef-lieu de l'arrondissement ou de la Cour d'appel, deviendront, c'est à craindre, en facilitant l'entrée dans les familles, l'occasion ou le prétexte d'une concurrence inégale, voisine pour les petits de l'abandon de leur clientèle.

§ 2. — Nombre des notaires.

Art. 31. — Le nombre des notaires pour chaque département, leurs placement et résidence seront déterminés par le Gouvernement, de manière : 1° que, dans les villes de 100.000 habitants et au-dessus, il y ait un notaire au plus par 6.000 habitants ; 2° que, dans les autres communes, il y ait un notaire au moins par canton.

Toutefois, en cas de décès ou d'empêchement justifié du titulaire, le président du tribunal pourra, à la requête du procureur de la République ou du titulaire empêché, désigner comme suppléant un notaire d'un des ressorts de justice de paix limitrophes du même arrondissement.

25. — Division des communes en deux catégories. — Les communes de France sont divisées par l'article en deux catégories. Celles qui comptent une population égale ou supérieure à cent mille habitants tolèrent, comme précédemment, un notaire au plus par fraction de six mille habitants. Dans les autres, — l'expression de « commune » étant substituée à celle de « bourgs ou villages » de la loi de ventôse qui ne répondait plus à aucune réalité, — la loi nouvelle apporte une double innovation. Le nombre minimum des notaires pourra descendre jusqu'à un au lieu de deux comme dans l'ancienne loi, et ce, par canton, au lieu du ressort de la justice de paix.

Les travaux préparatoires indiquent à suffire les motifs de ces modifications. « La commission, dit M. Guérin, reconnaît avec le Gouvernement que le nombre des offices de notaire est trop élevé ; que, par suite de la facilité des communications, il n'y a aujourd'hui aucun inconvénient à modifier les anciennes prescriptions de la loi de ventôse qui exigeaient qu'il y eût au moins deux notaires par canton ; que cette nouvelle mesure permettra de régulariser la situation anormale créée dans un assez grand nombre de cantons où l'un des deux offices est vacant faute de candidats et ne peut être supprimé ». Et ailleurs : « La commission a cru devoir substituer le terme de « canton » aux expressions « par ressort de justice de paix », pour le cas où deux cantons administratifs se trouveraient réunis sous la juridiction d'un même juge de paix ». Toutefois, « il ne faut point, précise la circulaire du Ministre de la Justice du 16 août 1902, interpréter le texte nouveau en ce sens, que le nombre des notaires dans les cantons ruraux, doit autant que possible, être ramené au chiffre minimum d'un officier public par canton ; cette appréciation serait absolument inexacte ; car, il existe beaucoup de cantons, dans la région du Nord de la France, par exemple, où trois et même quatre notaires non seulement vivent aisément, mais sont nécessaires à l'expédition des affaires. Le législateur a voulu simplement donner au Gouvernement le droit de supprimer le deuxième office imposé par la loi de ventôse, dans tous les cantons où ce titre serait reconnu inutile ».

Il convient d'observer que le minimum des titulaires dans la circonscription cantonale est seul réglementé ; les nécessités du service devaient laisser au Gouvernement toute latitude pour le maximum.

Le deuxième paragraphe de l'article 31 prévoit le cas de décès ou d'empêchement justifié du titulaire. On procédera alors par voie de requête au président du tribunal pour obtenir la désignation du suppléant. Il sera pris soit dans un des ressorts de justice de paix limitrophe du même arrondissement, soit ailleurs, au gré du magistrat.

§ 3. — Suppression des offices.

Art. 32. — Les suppressions d'office ne seront effectuées que par mort, démission ou destitution, ou à la suite d'un accord intervenu entre les parties intéressées, et après avis de la chambre de discipline et du tribunal.

En cas de démission du titulaire, avec présentation d'un successeur, le Gouvernement pourra toujours refuser la nomination, si la suppression du titre est jugée nécessaire, après avis de la chambre et du tribunal.

L'indemnité due après suppression d'un office, en cas de mort ou de démission, sera convenue entre les intéressés, sous le contrôle du Gouvernement, ou fixée par le décret prononçant la suppression, après avis de la chambre des notaires et du tribunal.

Dans tous les cas, elle sera mise à la charge des notaires qui devront bénéficier de la suppression, quelle que soit leur résidence.

La répartition en sera faite par le garde des sceaux, sur la proposition de la chambre des notaires de l'arrondissement auquel appartient l'office supprimé.

25. — Conditions auxquelles une suppression peut être ordonnée. — Démission avec présentation. — En laissant de côté le cas de convention entre les parties intéressées, c'est-à-dire entre le titulaire ou ses ayants droit et les notaires appelés à bénéficier de la mesure, la loi nouvelle maintient la règle de la loi de ventôse d'après laquelle la suppression d'un office ne pouvait être effectuée que dans trois cas : après la mort, la destitution ou la démission du titulaire..

Les deux premiers cas, décès ou destitution, ne présentaient aucune difficulté : mais il n'en était pas de même du troisième, celui de la démission avec présentation du successeur. Sur ce point spécial, le Conseil d'État avait, dans un arrêt du 22 mars 1901, refusé de sanctionner la pratique de la Chancellerie qui revendiquait le droit de refuser d'une manière indéfinie le successeur présenté, afin, par ce moyen détourné, de contraindre le titulaire à la suppression de son étude. L'article 32 met fin à la controverse. En cas de démission du titulaire, même avec présentation du successeur, le Gouvernement pourra toujours refuser la nomination, si la suppression du titre est jugée nécessaire.

26. — Procédure de la suppression. — Comblant une lacune, la loi nouvelle organise également la procédure à suivre en matière de suppression d'office. Sans entrer, pour employer la formule de la circulaire ministérielle, dans le détail du mode de procéder, l'article 32 trace les règles principales destinées à servir de base, en pareil cas, à la jurisprudence administrative. Une enquête est toujours de rigueur. Que la suppression ait lieu après décès, destitution ou démission, ou bien qu'elle soit sollicitée à la suite d'un accord intervenu entre le titulaire et les notaires intéressés à la suppression, il sera toujours nécessaire de prendre l'avis de la chambre de discipline et du tribunal sur l'utilité de la mesure projetée.

La nécessité de l'enquête préalable est telle que le Gouvernement ne saurait, à son défaut, ordonner une suppression, sans s'exposer à une action judiciaire pour abus de pouvoir. S'il s'agissait d'une démission avec présentation d'un successeur, le notaire démissionnaire pourrait même retirer sa démission dans le cas, légal d'ailleurs, de refus de nommer son remplaçant.

Les municipalités et le juge de paix du canton doivent encore, d'après une constante pratique, être consultés sur l'opportunité de la réduction. Toutefois l'omission de cette formalité, résultant de simples usages, ne donnerait pas ouverture à un recours comme d'abus.

La question de l'indemnité représentative de la valeur de l'office supprimé se règle de la manière suivante : si la suppression est consécutive à un décès ou à une démission, une convention peut intervenir sous le contrôle du Gouvernement. A défaut d'accord, ou bien dans le cas de destitution, le décret prononçant la suppression fixe en même temps le chiffre de l'indemnité, après avis de la chambre de discipline des notaires et du tribunal. En pratique, cet avis porte non-seulement sur la quotité, mais sur la répartition de la somme entre les notaires appelés à bénéficier de la mesure, chiffre et proportion établis à l'aide des renseignements fournis soit par les intéressés, soit par le parquet. « Les notaires intéressés, ajoute le rapport au Sénat, sont alors invités à se mettre d'accord soit pour traiter avec le titulaire de l'office supprimé, soit pour souscrire l'engagement de payer la part d'indemnité mise à leur charge. S'ils refusent, ou s'ils sont en désaccord, le Ministre, avant de prendre une décision, fait connaître aux parties dans quelles conditions l'indemnité sera fixée et répartie, en les invitant à accepter. Si cette mise en demeure reste sans effet, le décret est rendu ; il fixe le chiffre de l'indemnité déterminée d'après les produits de la charge, il indique quels notaires devront la payer, dans quel délai, dans quelles proportions, et quel est le notaire du canton qui restera dépositaire des minutes de l'étude supprimée ; ce dernier supporte naturellement une part plus forte de l'indemnité.

27. — Répartition de l'indemnité.— Le paragraphe 4 de notre article contient une innovation des plus importantes. L'indemnité sera désormais répartie, non plus, comme jadis, entre les notaires ayant droit d'instrumenter dans le canton où la suppression a lieu, mais entre tous ceux, sans distinction de résidence, que la suppression pourra favoriser. Sous l'empire de la jurisprudence précédente, il arrivait souvent que les notaires du canton chargés de l'indemnité ne retiraient aucun avantage de la réduction, tandis que les confrères des cantons voisins, les véritables bénéficiaires, en fait, de la suppression, restaient affranchis de toute contribution au paiement. C'est ce résultat manifestement injuste qu'on a voulu empêcher.

Le nouveau mode de répartition peut ainsi atteindre des notaires d'un arrondissement, même d'un ressort autre que celui où la réduction s'est opérée. Les titulaires intéressés seront-ils en ce cas consultés par l'organe des chambres de discipline compétentes, tant sur la suppression que sur l'indemnité ? A titre officieux peut-être ; non autrement. Les prescriptions de la loi se réfèrent aux notaires de l'arrondissement.

Un autre cas peut se présenter. Il existe des cantons qui, depuis plus de trente ans, ne comptent qu'un seul notaire, faute de candidats pour le second office. La suppression de celui-ci va sans dire. Mais *quid* de l'indemnité correspondante ? Elle sera. croyons-nous, soumise à la prescription trentenaire.

§ 4. — Recrutement du personnel.

Art. 35. — **Pour être admis aux fonctions de notaire, il faudra : 1° jouir de l'exercice des droits de citoyen ; 2° avoir satisfait aux lois sur le recrutement de l'armée ; 3° être âgé de vingt-cinq ans accomplis ; 4° justifier du temps de travail prescrit par les articles suivants ; 5° et avoir subi avec succès l'examen professionnel prescrit par les articles 42 et 43 ci-après.**

28. — **Conditions d'admission.** — L'importance du recrutement des aspirants au notariat n'est plus à démontrer. Depuis longues années, on a dit et écrit un peu partout que le rôle de l'institution dans la société actuelle, les services qu'on en doit attendre ou les dangers qu'on en peut craindre dépendent, dans une large mesure, du degré de capacité et de moralité de ses membres. Tout le monde s'accordait également à reconnaître que l'insuffisance des garanties instituées par la loi de ventôse rendait à cet égard une réforme inévitable. En quoi devait-elle consister ? D'excellents esprits, publicistes, magistrats, professionnels eux-mêmes, préconisaient comme première nécessité la création, sur des bases solides, d'un enseignement notarial (1). Sans ménager son entière adhésion et ses encouragements à l'idée du développement de l'instruction théorique, le législateur n'a pas cru pouvoir, quant à présent, et dans la crainte qu'une telle exigence rendît impossible le recrutement déjà si difficile dans les études de campagne,

---

1. — A consulter les intéressants travaux publiés par M. Lascazes, notaire à Toulouse (*Etude sur la création et l'organisation de l'enseignement notarial*, 1895. — *Rapport sur l'enseignement notarial au Congrès des notaires de France*, 1900).

imposer aux candidats la nécessité de diplômes juridiques. Il s'est borné à introduire diverses améliorations dans les conditions d'admission.

L'article 35 énumère ces conditions. Il faut être citoyen français, c'est-à-dire jouir de ses droits civils et politiques, avoir satisfait au service militaire, être âgé de 25 ans accomplis, enfin justifier du stage prescrit et avoir subi avec succès l'examen professionnel établi par les dispositions qui suivent.

Les articles 36, 37 et 38 relatifs au stage sont ainsi conçus :

Art. 36. — **Le temps de travail ou de stage sera, sauf les exceptions ci-après, de six années entières et non interrompues, dont deux au moins en qualité de premier clerc. Une de ces deux années devra être accomplie dans un office d'une classe au moins égale à celle de l'office dont le titulaire sera à remplacer.**

Le temps de stage ne sera que de quatre années, dont une au moins en qualité de premier clerc, si le candidat justifie du diplôme de docteur ou de licencié en droit, ou du certificat d'élève diplômé d'une école de notariat reconnue par l'État.

Art. 37. — **Les membres des tribunaux civils ou des cours, ayant au moins deux ans de fonctions, les avoués et les avocats ayant au moins deux ans d'inscription au tableau, les receveurs et les agents supérieurs de l'administration de l'enregistrement, les greffiers en chef des cours et tribunaux civils, licenciés en droit, ayant exercé leurs fonctions pendant cinq ans au moins, pourront être admis aux fonctions de notaire en vertu d'une dispense expresse du garde des sceaux, en justifiant d'une année de stage dans une étude de notaire d'une classe égale à celle à laquelle aspire le candidat, et après avoir subi avec succès l'examen prescrit par les articles 42 et 43 ci-après.**

Art. 38. — **Le notaire en exercice n'aura besoin d'aucune nouvelle justification pour être admis à une place de notaire vacante, même dans une classe supérieure à celle à laquelle il appartient.**

29. — **Du stage.** — La nouvelle loi modifie profondément et simplifie la réglementation antérieure.

L'article 36 fixe d'une manière uniforme la durée du stage à six années. Non interrompu, assorti de deux années de première cléricature, dont une au moins dans une étude de classe égale ou supérieure à celle dont on veut devenir titulaire, ce stage donne accès, après l'examen professionnel, aux fonctions de notaire, sans distinction désormais de catégories. On a pensé avec raison qu'un notaire d'un modeste canton rural, appelé à traiter aujourd'hui des affaires aussi délicates et parfois aussi compliquées sinon aussi nombreuses que son confrère du chef-lieu d'arrondissement ou de la Cour d'appel, et plus souvent qu'eux réduit aux ressources de ses propres lumières, avait besoin d'une égale instruction et d'une expérience égale.

Les six années de stage doivent courir sans interruption. Le motif de cette prescription va de soi. Seule, l'assiduité au travail professionnel en assure l'efficacité. Un temps assez prolongé passé dans l'oisiveté, le souci d'affaires étrangères au notariat, commerce ou industrie, par exemple, empêcheraient l'aspirant de se pénétrer, comme il convient, de l'esprit de sa profession, des qualités qu'elle réclame, des devoirs moraux qu'elle comporte, et entraîneraient l'oubli des connaissances acquises sous l'œil du maître. Donc, pas d'interruption dans le cours des études préparatoires.

30. — Interruption. — Interruption, que faut-il entendre par là ? Combien de temps faudra-t-il pour constituer l'interruption et quelles circonstances en seront caractéristiques et démonstratives ? Le silence de la loi livre ce point à l'appréciation souveraine des chambres de discipline des notaires et, après elles, en dernier ressort, à la Chancellerie. Si l'absence du candidat a été volontaire et son existence nouvelle, consacrée à des besognes qui n'ont rien de commun avec le Code, les chambres appliqueront la loi avec une juste sévérité. Si, au contraire, la cause de l'éloignement momentané est involontaire, comme une maladie, le service militaire, des cours dans une faculté de droit, on verra dans ces faits une simple suspension, non une interruption de stage. Il en sera de même de l'exercice de fonctions publiques présentant quelque analogie avec le notariat, celles, par exemple, d'avoué, d'huissier, de surnuméraire d'enregistrement, etc... D'une manière générale, les cas de force majeure n'ont pas pour effet d'interrompre le stage. Mais où commence et où finit le domaine du cas fortuit et de force majeure ? Silence de la loi. Quelques détails explicatifs n'auraient cependant pas été inutiles, et sans méconnaître la difficulté de procéder en pareille matière par voie d'énumération, on peut regretter que le défaut de précision laisse la porte ouverte à des abus presque inévitables.

31. — Innovation relative à la première cléricature. — Passons à l'innovation relative à la première cléricature. Sous l'empire de l'ancienne législation, l'aspirant qui comptait dans la dernière période de son stage une année de première cléricature dans une classe égale à celle qu'il recherchait, avait droit aux fonctions notariales. Le nouvel article 36 exige non plus une, mais deux années de premier clerc dans une étude de classe égale à celle de l'office à pourvoir d'un titulaire. Cette obligation se justifie par les considérations suivantes : « Personne n'ignore, disait M. le sénateur Ratier, dont l'amendement sur ce point est devenu le texte définitif, que, dans les études de minime importance, la besogne n'est pas la même que dans les études de seconde et de première classe. Un clerc qui n'a travaillé que dans un modeste chef-lieu de canton ne saurait avoir ni l'expérience, ni la connaissance aussi complète des hommes et des choses qu'un clerc habitué à traiter les affaires dans une grande ville. Dès lors, les besognes étant différentes, pourquoi décider qu'un clerc d'une petite étude pourra devenir immédiatement apte à diriger les affaires d'une grande? »

Les deux années de première cléricature, y compris l'année à passer dans une classe équivalente à celle de la charge à remplir, ne doivent pas nécessairement être les deux dernières du stage. Elles pourraient occuper une autre place chronologique ou même se composer de fractions successives. Cela résulte soit de la pratique suivie sous la loi de ventôse et non abolie, soit, avec évidence, des travaux préparatoires. Lorsqu'un aspirant ne trouve pas à traiter aussitôt après ses six ans de travail, il peut être obligé de prolonger son stage ; il a paru trop rigoureux de lui imposer l'obligation de conserver l'inscription de premier clerc.

32. — Réductions ou dispenses de stage. — Les règles ci-dessus gouvernent les cas du stage ordinaire, habituel. Des privilèges plus ou moins étendus, selon les circonstances, sont réservés, sous forme de réduction ou de dispense de stage, à certains grades universitaires, ceux de docteur ou de licencié en droit, à certains ordres de fonctions ou de professions, magistrats des tribunaux civils ou des Cours d'appel, avoués et avocats inscrits au tableau, receveurs et agents supérieurs de l'administration de l'enregistrement, greffiers en chef des cours et tribunaux civils pourvus du diplôme de licencié en droit, élèves diplômés des écoles de notariat reconnues par l'État, enfin notaires déjà en exercice.

La première catégorie des privilégiés comprend les docteurs ou licenciés en droit et les élèves diplômés d'une école de notariat reconnue par l'État. Tous bénéficient d'une réduction de stage de deux années, et cette réduction a lieu sur la production de l'un des diplômes indiqués. Il ne s'agit pas là d'une faveur, mais d'un droit. Le projet primitif ne parlait que d'une dispense en pareil cas, c'est-à-dire d'une faculté laissée au gouvernement. Mais la rédaction adoptée en dernière analyse ne laisse aucun doute sur le sens précis de la disposition ; elle confère à l'intéressé un véritable droit.

Dans les quatre années de stage auxquelles restent soumis les candidats de cette catégorie, une année au moins s'applique à la première cléricature. La loi n'ajoute pas qu'elle devra figurer soit la dernière du stage, soit, comme précédemment, se réclamer d'un office équivalent à celui dont on traite. L'aspirant pourvu du diplôme de docteur ou de licencié en droit, ou d'ancien élève d'une école nationale de notariat paraît en conséquence affranchi de cette double obligation.

Observons d'ailleurs la portée purement platonique pour le moment de la disposition relative aux écoles de notariat. Aucun des établissements de cette nature qui existent aujourd'hui en France n'a reçu l'investiture de l'État. Ces écoles, disait M. Guérin au Sénat, sont appelées à rendre de grands services, et peut-être est-il permis d'espérer qu'elles recevront des pouvoirs publics, soit comme annexes à nos facultés de droit, soit comme institutions séparées, à l'instar de certaines écoles professionnelles, une investiture légale qui permettrait d'en rendre les cours obligatoires.

33. — Conditions imposées aux dispenses. — Plus rigoureux que son devancier qui autorisait le Gouvernement à accorder des dispenses à toutes personnes ayant rempli des fonctions administratives ou judiciaires, le législateur de 1902 limite, dans l'article 37, la seconde catégorie des personnes ainsi privilégiées, et fixe les conditions dans lesquelles la dispense — une faveur gouvernementale cette fois, — pourra intervenir. Magistrats de l'ordre indiqué au texte, avocats, avoués, agents de l'administration de l'enregistrement, greffiers des cours et tribunaux civils seront aptes aux fonctions de notaire en justifiant d'une seule année de stage dans une étude de classe égale à celle à laquelle aspire le candidat, et après avoir subi avec succès l'examen professionnel ; les membres des cours d'appel ou des tribunaux civils, sans distinction entre les titulaires et les suppléants, entre les membres du parquet et ceux du siège, s'ils comptent deux ans de services judiciaires, ou, pour les avocats, d'inscription au tableau ; les avoués, les receveurs et les agents supérieurs de l'administration de l'enregistrement, dès le lendemain de leur nomination ; les greffiers en chef des cours et tribunaux civils, si, étant licenciés en droit, ils sont en exercice depuis cinq ans au moins.

La faveur accordée puise sa raison d'être dans les présomptions de capacité résultant, par analogie de travaux, de l'exercice de certaines professions ou fonctions telles que celles d'agents de l'enregistrement.

Mais il paraît difficile de tenir le même raisonnement pour d'autres. Ainsi, la loi reconnaît à un avoué nommé de la veille, à un jeune magistrat ayant siégé, à un jeune avocat ayant plaidé en de rares circonstances des aptitudes exceptionnelles aux fonctions notariales. Il est à craindre que l'expérience ne démontre parfois la fausseté de semblables présomptions.

On serait tenté d'en dire autant du notaire en exercice dispensé, aux termes de l'article 38, d'une nouvelle justification pour occuper une place de notaire vacante, même dans une classe supérieure à celle à laquelle il appartient. Cette disposition permettra d'éluder les prescriptions relatives à la première cléricature, puisqu'un notaire de troisième classe, ancien clerc dans une étude seulement équivalente, pourra, dès le lendemain de sa nomination, devenir titulaire, sans nouvelle justification, d'un office de première classe. Comment ne pas regretter un tel résultat ?

D'après les travaux préparatoires, l'article 38 paraissait s'appliquer aux notaires ayant cessé leurs fonctions comme aux notaires en exercice. La circulaire du Garde des Sceaux n'admet pas une interprétation aussi large. Les dispenses se limitent aux cas expressément déterminés par la loi.

Art. 39. — **Nul ne sera admis à l'inscription de stage, s'il ne justifie qu'il est âgé de dix-sept ans accomplis et s'il ne produit un certificat de bonnes vie et mœurs.**

Art. 40. — **L'aspirant au notariat n'obtiendra un avancement de grade que sur la production d'un certificat délivré par le notaire chez lequel il travaillera.**

Ce certificat renfermera des renseignements précis et détaillés sur les aptitudes, la capacité et la moralité de l'aspirant.

Si la mutation de grade s'effectue dans un autre arrondissement que celui où l'aspirant était déjà inscrit, celui-ci devra joindre au certificat ci-dessus un certificat de capacité et de moralité délivré par la chambre de discipline dans le ressort de laquelle il travaillait.

34. — **Pièces et certificats à produire.** — Un extrait de l'acte de naissance attestant l'âge de dix-sept ans accomplis, la production d'un certificat de bonnes vie et mœurs délivré par le maire de la commune du domicile, et un second certificat émané du notaire chez lequel on travaille sont les seules formalités à remplir pour l'admission au stage.

Les mutations de grade jusqu'à celui de premier clerc exclusivement s'opèrent, elles aussi, avec une grande facilité. Deux cas sont prévus : ou bien l'aspirant veut changer de grade soit dans la même étude, soit dans une étude similaire du même arrondissement ; le certificat délivré par le titulaire de l'étude où il travaille et contenant des renseignements précis et détaillés sur les aptitudes professionnelles, la moralité et la capacité de l'intéressé suffira pour justifier la mention de la mutation sur les registres de stage ; ou bien l'aspirant se transporte dans un arrondissement différent soit pour avancer en grade, soit même avec parité de grade ; dans ce cas, il sera tenu d'obtenir, outre le certificat ci-dessus, une seconde attestation de capacité et de moralité, celle-ci émanant de la chambre de discipline des notaires de l'arrondissement abandonné.

En pratique, les garanties que ce double certificat a pour but d'augmenter resteront néanmoins à peu près illusoires. Le notaire refusera rarement une attestation d'où peut dépendre l'avenir de son clerc, et de son côté, sans y regarder de trop près, dépourvue de moyens sérieux d'investigation, la chambre de discipline se bornera la plupart du temps à entériner sans contrôle les déclarations du notaire rédacteur du premier certificat.

Art. 41. — Aucun aspirant au notariat ne pourra être admis à prendre l'inscription de premier clerc, s'il n'a préalablement subi avec succès, devant la chambre dans le ressort de laquelle il travaille, un examen après lequel il sera déclaré apte à ces fonctions.

L'examen comprendra une épreuve écrite et une épreuve orale. La délibération motivée qui sera prise par la Chambre visera la capacité et la moralité du candidat.

35. — Obtention de l'inscription de premier clerc. — L'importance du rôle de principal clerc méritait un témoignage spécial de la sollicitude du législateur. Jusqu'ici, l'absence de réglementation permettait, avec la bienveillante complicité d'un notaire, d'arriver, sans connaissances professionnelles suffisantes, à cette dernière étape de la cléricature. Il n'en sera plus ainsi, du moins avec la même facilité. Des épreuves multiples établiront désormais l'aptitude du candidat

L'examen préalable à l'inscription de premier clerc a lieu devant la chambre des notaires de l'arrondissement où l'aspirant a travaillé en qualité de deuxième clerc. Il comprend une épreuve écrite et une épreuve orale. Mais, quelles matières formeront l'objet de chacune de ces épreuves ? A quelle époque doit-on subir l'examen ? Quel est le quorum nécessaire pour délibérer ? Comment se forme la majorité au sein de la chambre convertie en commission d'examen ? En cas d'ajournement, dans quel délai le candidat peut-il se représenter ? Autant de questions laissées sans réponse dans la loi. La solution appartiendra en pratique au règlement intérieur des diverses chambres de discipline, d'où, fatalement, un défaut d'uniformité de jurisprudence regrettable. En l'absence du texte législatif, ces divers points ne semblaient pas indignes d'une réglementation générale.

Quoi qu'il en soit, l'examen subi avec succès confère un diplôme d'aptitude en vertu duquel le candidat peut obtenir, sans nouvelle

épreuve, son inscription de principal clerc, même dans une étude
d'ordre plus élevé ou placée dans un arrondissement différent. Il suffira, comme preuve, d'une communication du secrétaire de la chambre
dans le ressort de laquelle l'examen aura été passé au secrétaire de
la compagnie dans l'arrondissement de laquelle l'aspirant voudra con-
tinuer son stage.

La décision affirmative ou négative de la chambre sur la capacité et
la moralité du candidat doit être motivée, sans toutefois que ce dernier soit fondé à réclamer un extrait de la délibération. On n'a pas
voulu qu'un candidat reconnu apte aux fonctions de premier clerc pût
se prévaloir de cette aptitude pour créer une agence d'affaires souvent
à côté de l'étude dans laquelle il a travaillé.

Art. 42. — **L'aspirant qui voudra être investi des fonctions
de notaire produira, avec le diplôme d'aptitude, un avis de
la chambre de discipline du ressort dans lequel il se propose
d'exercer, et un certificat de chaque chambre dans le ressort
de laquelle il aura travaillé, constatant la durée de son stage
et sa moralité.**

**Aucun aspirant ne sera admis aux fonctions de notaire
s'il ne justifie avoir subi avec succès un examen professionnel.**

**Cet examen comprendra deux épreuves : l'une écrite, dans
laquelle l'aspirant rédigera au moins deux formules d'actes ;
l'autre orale, qui portera sur l'ensemble des connaissances
juridiques nécessaires à l'exercice du notariat.**

**Les épreuves orales seront subies publiquement. L'examen
sera passé au chef-lieu du département dans lequel l'aspirant
sera au stage, devant une commission spéciale réunie, sur la
convocation du président de la chambre des notaires du
chef-lieu, composée de cinq membres au moins, et comprenant :**

**Le président ou le syndic de la chambre des notaires du
chef-lieu du département, qui en aura la présidence, et un
ou plusieurs notaires délégués par chacune des chambres du
département ;**

**Et un agent supérieur de l'enregistrement désigné par la
direction.**

Art. 43. — **L'examen devra être passé avant tout traité de
cession d'office ; mais le diplôme d'aptitude ne sera délivré
par le secrétariat de la chambre dépositaire du rapport de
la commission d'examen qu'au moment de la confection, par
le parquet, du dossier de présentation du candidat.**

A Paris, la chambre des notaires fera fonctions de commis-

sion spéciale ; il lui sera adjoint un agent supérieur de l'Enregistrement désigné par le directeur.

Il en sera de même dans les départements où il n'existerait qu'une seule chambre des notaires.

Tout candidat dont l'insuffisance aura été constatée dans l'une et l'autre des deux épreuves sera ajourné et ne pourra subir un nouvel examen avant le délai d'un an.

36. — Examens. — Voici le terme de la cléricature. Un office se présente vacant à la convenance du candidat. Parmi les nombreuses formalités à remplir encore avant l'investiture de notaire, la plus importante sans contredit est celle de l'examen final.

Cette heureuse innovation constitue l'une des meilleures garanties du recrutement notarial. L'examen comprenant une épreuve écrite, avec la rédaction au minimum de deux formules d'actes, et une épreuve orale portant sur l'ensemble des connaissances juridiques nécessaires à l'exercice de notaire, se passera devant une commission spéciale dont les membres dégagés de toute préoccupation personnelle, affranchis, dans une large mesure, des influences locales, tiendront à honneur de remplir avec indépendance et dignité la tâche qui leur incombe.

Cette commission, composée d'éléments empruntés aux chambres de discipline des arrondissements du département, et complétée par l'adjonction d'un agent supérieur de l'enregistrement désigné par la direction, se réunit, sur la convocation du président de la chambre des notaires, au chef-lieu du département, et sous la présidence soit du président, soit du syndic de cette même chambre.

Elle compte cinq membres au moins ; le président ou le syndic de la chambre des notaires de l'arrondissement du chef-lieu départemental ; un ou plusieurs délégués, selon le nombre des autres arrondissements, des chambres de discipline de ces arrondissements. Par disposition exceptionnelle, à Paris et dans le département de la Seine, la chambre des notaires, à laquelle est adjoint un agent supérieur de l'enregistrement désigné par la direction, fait fonction de commission spéciale. Il en est de même pour le Haut-Rhin qui comprend seulement l'arrondissement de Belfort.

Le nombre des commissaires est, disons-nous, de cinq au moins. Mais rien ne s'oppose à ce que ce nombre soit dépassé, fait inévitable d'ailleurs dans les départements qui comptent plus de quatre arrondissements, non compris celui du chef-lieu. Dans ce cas, et dans les départements composés de plus de trois arrondissements, chaque chambre de notaires doit être représentée par un nombre égal de membres au sein de la commission.

Comment seront remplacés, en cas de besoin, les membres titulaires de la commission ? Quel sera le mode d'opérer et de délibérer au sein de la commission ? La loi ne l'indique pas. Il paraît rationnel d'accorder aux chambres de discipline le droit de choisir, avec le commissaire titulaire, un suppléant chargé d'assurer éventuellement le service. Si l'empêchement porte sur le président, il sera remplacé par le syndic. Ce dernier empêché à son tour sera remplacé lui-même dans ses fonctions présidentielles par un membre délégué à cet effet de la chambre de l'arrondissement chef-lieu.

37. — Procédure de la commission d'examen. — La question de procédure intérieure de la commission soulève, elle aussi, plusieurs difficultés. En premier lieu, quel sera le *quorum* nécessaire pour délibérer valablement ? A notre avis, ce nombre ne pourra jamais descendre au-dessous de cinq. C'est, en effet, le minimum légal des membres de la commission, et la loi n'a pas ajouté qu'un nombre de voix inférieur suffirait pour statuer, ce qu'elle n'aurait pas omis de faire si telle avait été sa volonté, comme il arrive pour certaines compagnies judiciaires, les Cours d'appel, par exemple. D'un autre côté, les garanties nécessaires résultant d'une décision émanée de cinq juges se réduiraient à une formalité manifestement insuffisante, si le tribunal pouvait statuer à trois.

La décision se forme, selon la règle habituelle, à la majorité absolue des voix. Si les commissaires sont en nombre pair et que les voix se divisent par moitié, il paraît impossible, par la force même des choses, de refuser au président voix prépondérante.

La compétence de la commission s'étend sur le département tout entier.

Dans le but d'en rehausser l'importance et aussi d'en assurer la sincérité et l'efficacité, les épreuves orales ont lieu, au vœu de la loi, en séance publique annoncée à l'avance par les modes ordinaires de publicité. Ajoutons que les épreuves écrites ne sont pas éliminatoires ; en conséquence, la commission ne saurait écarter un candidat, sous prétexte d'insuffisance, avant les épreuves orales.

L'examen est obligatoire. Nul ne peut s'y soustraire, hormis les notaires actuellement en exercice ou les candidats, qui ayant obtenu leur certificat de capacité et de moralité avant la promulgation de la loi de 1902, se trouvaient régis par les dispositions de la loi de ventôse.

Aux termes de l'article 43, l'examen doit être passé avant tout traité de cession d'office. Cette condition, dit l'exposé des motifs, est essentielle pour que le jury statue en pleine indépendance et sans préoccupation étrangère. Il est, en effet, permis de craindre notamment que le préjudice éprouvé par le cédant, lorsque la candidature de cessionnaire est écartée, n'exerce une influence sur la décision de la commission d'examen.

Cette décision est souveraine ; toutefois, l'ajournement du candidat pour cause d'insuffisance ne l'empêche pas de se représenter, mais il ne pourra subir un nouvel examen avant le délai d'un an. Si, au contraire, le candidat est admis, le voilà reconnu d'une manière définitive apte aux fonctions de notaire. Quand viendra l'heure de la confection du dossier nécessaire pour la nomination, le parquet d'office, sur les indications de l'intéressé, ou ce dernier personnellement obtiendra délivrance du diplôme d'aptitude, mais à ce moment seulement. On a voulu, par ce moyen, éviter l'usage abusif de cette pièce entre les mains du candidat. Sous le bénéfice de l'observation qui précède, le droit pour l'intéressé d'obtenir lui-même délivrance du certificat paraît hors de doute, puisque, d'une part, le texte de l'article 43 ne suppose pas le contraire et que, d'un autre côté, l'article 42 place ce document au nombre de ceux que le candidat doit produire.

38. — Formation du dossier. — Mentionnons en dernier lieu les autres pièces appelées à figurer dans le dossier de présentation c'est-à-dire l'avis, un simple avis, le mot est à remarquer, de la chambre de discipline du ressort dans lequel l'aspirant se propose d'exercer, et le certificat de stage et de moralité émané de chacune des chambres de notaires dans le ressort de laquelle l'aspirant aura travaillé.

Telles sont, dans leur ensemble, les améliorations introduites dans le recrutement du personnel notarial.

§ 5. — Mesures transitoires.

Suivant le principe ordinaire, la nouvelle loi est exécutoire depuis le jour de sa promulgation. Néanmoins, pour respecter les droits acquis des candidats, on a décidé à titre exceptionnel et purement transitoire que les dispositions relatives au stage ne seront pas applicables avant deux années à partir de cette promulgation.

Voici le texte :

Article transitoire. — Par mesure transitoire, les dispositions de la présente loi relatives au stage n'entreront en vigueur que dans un délai de deux ans, à partir de la promulgation. Elles ne seront à aucun moment applicables aux aspirants qui, au jour de la promulgation de la loi nouvelle,

auront accompli le temps de stage prescrit par la loi du 25 ventôse an XI.

Dans tous les cas, les aspirants ne sauraient être dispensés de subir l'examen prévu par l'article 42 ci-dessus.

39. — **Comment doit être entendu cet article.** — Quelle est la portée de cet article ? D'après l'interprétation de la chancellerie, il s'applique non pas à toutes les dispositions relatives au stage, conditions d'admission, avancement de grade, examen de première cléricature, réduction et dispense de stage, durée du stage, mais uniquement à cette dernière. En d'autres termes, les prescriptions de la nouvelle loi fixant d'une manière uniforme la durée du stage à six années, dont deux de première cléricature, ne deviendront obligatoires que dans un délai de deux ans à partir du 14 août 1902, en sorte que, continueront à bénéficier de la loi de ventôse, tous les candidats qui auront leur stage complet avant ce délai. Tous autres rentreront au contraire sous l'empire de la législation nouvelle.

Le deuxième paragraphe de l'article contient une précision importante ; c'est que l'examen soit de première cléricature, soit d'aptitude, selon les cas, s'impose à tous les candidats alors même qu'ils seraient, antérieurement à la loi de 1902, pourvus des certificats de stage réglementaires d'après la loi de ventôse.

§ 6. — De la Bourse commune des notaires.

Art. 44. — **Il est établi au profit des bourses communes, des droits d'inscription d'examen.**

Ces droits sont fixés ainsi qu'il suit :

Pour chaque inscription pour le registre du stage, cinq francs (5 fr.);

Pour l'examen de premier clerc, vingt francs (20 fr.) ;

Pour l'examen d'aptitude aux fonctions de notaire, quarante francs (40 fr.).

40. — **Bourse commune des notaires.** — L'article 44 traite d'un ordre d'idées spécial, la bourse commune des notaires, dont la création légale remonte à l'ordonnance du 4 janvier 1843, et destinée, comme on sait, à pourvoir aux diverses dépenses obligatoires ou utiles, telles que frais de loyer ou de bureau de la chambre, frais d'affiches, d'insertions, de lettres de convocation, et surtout frais de déplacement des notaires résidant en dehors du chef-lieu du département.

La bourse s'alimente au moyen des droits d'entrée, des cotisations annuelles des notaires, ainsi que des droits perçus sur le dépôt des contrats de mariage des commerçants, ressources auxquelles viendront se joindre, au prescrit de la loi nouvelle, les droits d'inscription taxés à cinq francs par chaque inscription, sur les registres du stage, et des droits d'examen calculés à raison de vingt francs pour l'examen de premier clerc, et de quarante francs pour celui d'aptitude aux fonctions de notaire. Ces droits d'examen, perçus avant de subir les épreuves et chaque fois qu'il y a lieu à examen, ne sont pas restituables au cas d'ajournement du candidat. Ils entrent dans la caisse de la chambre de l'arrondissement ou du département où se réunit le jury d'examen.

L'article 39 de l'ordonnance de 1843 permet aux compagnies de notaires de prendre à leur charge les indemnités de suppression, et de voter les sommes nécessaires pour subvenir à ces dépenses. On s'était demandé s'il ne conviendrait pas de généraliser ces mesures et de rendre, à cet effet, obligatoire la perception d'un droit nouveau dit droit d'acte. La motion n'a pas abouti par le double motif que, dans les régions où le notariat est prospère, cette augmentation de la bourse commune serait inutile puisqu'il n'y a pas d'office à supprimer et que, d'autre part, même dans les arrondissements où des suppressions sont à prévoir, la mesure aboutirait au résultat injuste de mettre l'indemnité à la charge de tous les notaires, sans distinction de ceux qui retireraient ou non un avantage de la suppression.

§ 7. — Dispositions abrogatives.

41. — Art. 2, loi du 12 août 1902. — Dispositions abrogatives. — La disposition finale de la loi de 1902 consacre dans l'article 2 l'abrogation formelle des articles 2, 3 et 4 de la loi du 21 juin 1843, lesquels d'ailleurs étaient devenus sans objet:

Art. 2. — Les articles 2, 3 et 4 de la loi du 21 juin 1843 sont abrogés.

§ 8. — Notariat algérien.

Un dernier texte formulé par l'article 3 concerne le notariat algérien.

Art. 3. — L'aspirant ayant fait son stage en Algérie pourra y être nommé notaire en justifiant outre d'un stage de six ans, du certificat de capacité et de moralité prescrit par l'article 6

de l'arrêté ministériel du 30 décembre 1842 et par l'arrêté ministériel du 16 avril 1858.

Mais pour être admis aux fonctions de notaire en France, il devra subir l'examen exigé par les articles 42 et 43 ci-dessus et, en outre, justifier d'un stage de six années en France ou en Algérie, dont la dernière au moins en qualité de premier clerc dans une étude de France d'une classe au moins égale à celle de l'office du notaire qu'il doit remplacer.

42. — Algérie. — Non exécutoire, dans sa généralité, en Algérie, à défaut de disposition expresse et d'un décret spécial de promulgation, là loi nouvelle se borne, pour l'exercice des fonctions de notaire là-bas, à apporter une modification à la durée du stage. Il ne sera plus, comme précédemment, de cinq, mais de six années entières et consécutives, dont une au moins en qualité de premier clerc dans l'étude d'un notaire de France ou d'Algérie Ce point excepté, les autres dispositions de la réglementation locale demeurent en vigueur.

Quant au candidat ambitieux, après un stage professionnel en Algérie, d'un office en France, il sera tenu d'établir la double justification d'une année, la dernière du stage, de première cléricature, accomplie dans une étude de France de classe au moins égale à celle de l'office qu'il prétend occuper, et, en outre, du diplôme d'aptitude aux fonctions de notaire. La raison du texte échappe quelque peu à l'analyse. Pourquoi une seule année de première cléricature, et pourquoi sera-t-elle la dernière du stage, tandis que les règlements diffèrent s'il s'agit de la cléricature de France ? Le motif de cette différence toute en faveur des candidats algériens n'apparaît pas.

43. — Conclusion. — Nous venons de parcourir rapidement l'œuvre législative nouvelle. Sans être promise, croyons-nous, à de hautes destinées, elle constitue, malgré ses imperfections et ses lacunes, un incontestable progrès. Plus de hardiesse dans la conception des réformes à réaliser, plus de méthode dans l'élaboration et une conscience plus nette des nécessités pratiques en eussent fait le meilleur auxiliaire du relèvement du notariat en France et, par suite, un élément puissant de prospérité nationale.

TABLE DES MATIÈRES

Mayenne, imprimerie Ch. COLIN. Spécialité de publications périodiques.

EN VENTE

AUX BUREAUX DES *LOIS NOUVELLES*

Contributions indirectes. — Traité de jurisprudence générale en matière de contributions indirectes, par A. Bertrand, directeur des contributions indirectes et P. Deschamps commis principal à la direction générale des contributions indirectes. — 2 forts vol. br. prix. . . . . 12 fr.

Code Rural. — Commentaires de la loi du 8 avril 1898 sur le **régime des eaux** et de la loi du 21 juin 1898 sur la police administrative, par Georges Graux, avocat, député du Pas-de-Calais et C. Renard, docteur en droit. — 1 vol. br. prix . . . . . 5 fr.

Courses de chevaux. — Commentaire de la loi sur les courses de chevaux et les paris aux courses, par G. Laya, avocat à la cour de Paris. — 1 vol. br. prix . . . . 1 fr. 50

Crédit agricole. — Manuel des sociétés de crédit agricole. — Commentaire de la loi du 5 novembre 1894, par M. E. Benoît-Lévy, avocat à la cour de Paris, secrétaire général de la Société de propagation du crédit populaire. 1 vol. br. prix. . 1 fr. 50

Douanes. — Le nouveau tarif des douanes. — Commentaire de la loi du 11 janvier 1892, par L. Dejamme, auditeur du conseil d'Etat. — 1 vol. br., prix. . . . . 3 fr. 50

Saisie-arrêt. — La saisie-arrêt des gages, salaires et petits traitements. — Commentaire nouveau de la loi du 12 janvier 1895, au courant de la jurisprudence et de la doctrine les plus récentes. par E. Schaffhauser et H. Chevresson. — 1 vol. br. prix 4 fr. 50

Secours mutuels. — Commentaire de la loi du 1er avril 1898 sur les Sociétés de secours mutuels, par Raoul de la Grasserie, juge au tribunal civil de Rennes. — 1 vol. br. prix. . 2 fr. 50

Commentaire des Tarifs des actes d'huissiers par O. Raviart avoué à Beauvais, directeur du Bulletin de la taxe. — Un volume in-8°, prix. . . . . 3 fr. 50

Commentaire des Tarifs en matière civile, par O. Raviart, avoué à Beauvais, *Vice-Président de la conférence des avoués de première instance des départements*, Directeur du *Bulletin de la taxe*. Deuxième édition, revue et considérablement augmentée. — Un fort volume in-8°, prix. . . . . . 8 fr.

Warrants agricoles. — Commentaire de la loi du 18 juillet 1898 sur les Warrants agricoles, par Victor Emion, juge de paix à Paris. — 1 vol. br. prix. . . . . 1 fr. 50

Mayenne, Imprimerie CH. COLIN.